ANJOU

Trésors de terre et d'eau

Couverture : Entre fleuve et coteaux, le château de Montsoreau utilise les techniques d'animation les plus actuelles pour conter « les imaginaires de Loire ».

ANJOU
Trésors de terre et d'eau

textes
ISABELLE KERSIMON

direction de l'ouvrage, légendes
PHILIPPE NÉDÉLEC

photographies
LOUIS-MARIE BLANCHARD, CÉCILE LANGLOIS, JEAN-FRANÇOIS RABILLON

Cet ouvrage a été réalisé sous l'égide du Conseil général de Maine-et-Loire

Hermé

Remerciements

M. André Lardeux, Sénateur, Président du Conseil général de Maine-et-Loire,

M. François Chanteux, Vice-Président du Conseil général,

chargé de la culture, des sports et de la coopération décentralisée,

M. Olivier Martin, Directeur de cabinet,

M. Jean-Marc Legrand, Directeur général des services, et l'ensemble des services départementaux,

Mme Elisabeth Verry, Directeur des Archives départementales

M. Guy Massin Le Goff, Conservateur des Antiquités et objets d'arts

et l'ensemble des communes et organismes qui ont aidé à préparer ce livre.

POUANCE

SEGRE

CHATEAUNEUF-/-SARTHE

DURTAL

la Verzée

LE LION D'ANGERS

la Sarthe

le Loir

TIERCE

la Mayenne

l'Erdre

SEICHES-/-LE LOIR

BAUGE

CANDE

le Couasnon

LE-LOUROUX-BECONNAIS

NOYANT

la Maine

l'Authion

le Lathan

ST-GEORGES-/-LOIRE

ANGERS

BEAUFORT-EN-VALLEE

la LOIRE

la LOIRE

LONGUE-JUMELLES

CHAMPTOCEAUX

l'Aubance

l'Authion

ST-FLORENT-LE-VIEIL

CHALONNES-/-LOIRE

le Layon

ALLONNES

Le Jeu

l'Hyrome

GENNES

la LOIRE

MONTREVAULT

THOUARCE

SAUMUR

l'Evre

DOUE-LA-FONTAINE

le Thouet

BEAUPREAU

CHEMILLE

le Lys

MONTREUIL-BELLAY

MONTFAUCON-MONTIGNE

la Moine

VIHIERS

le Layon

la Sèvre Nantaise

CHOLET

A mi-chemin entre Paris et l'océan, le Maine-et-Loire est un département de 733 000 habitants,
riche de trois grandes villes (Angers, Cholet et Saumur) et d'un tissu rural dense, équilibré par de nombreuses
petites communes vivantes. Un réseau d'un peu plus de mille kilomètres de rivières maille le territoire
autour d'un axe principal : la Loire. La vigne se déploie presque uniquement au sud du fleuve. De belles forêts
sont présentes dans la partie est du département.

L'eau

L'or de l'Anjou

REINE DES FLEUVES, LA LOIRE FEND EN DEUX LA TERRE D'ANJOU ET MARQUE DE SA PUISSANCE IMPÉTUEUSE LA FRONTIÈRE CLIMATIQUE ENTRE LE NORD ET LE SUD DE LA RÉGION. TENDRE ET RUGUEUSE, BELLE SAUVAGEONNE D'EUROPE, ELLE CONVOIE jusqu'à l'océan ses flots lourds chargés de tourbillons et d'histoire. Au passage, elle absorbe les hommes dans une contemplation sans fin, inspire les rêveurs qu'enivrent ses horizons vastes, fascine les visiteurs et attache les riverains à ses berges. De son souffle profond, elle rythme les pulsations du sang qui coule dans leurs veines. Inlassable, elle draine au creux de son lit tumultueux des trésors : ces fossiles et ces coquillages témoins de sa genèse en des temps très anciens. Éternellement géné- reuse, elle offre un milieu propice à la vie où tous les règnes se déploient : le végétal, l'animal et l'humain. Active, elle charrie des embarcations à fond plat, les plates et les gabares tenues de se faire légères et habiles à la manœuvre. Complice, elle tolère la savante patience des pêcheurs venus taquiner ses bancs de goujons et d'ablettes.

Maîtresse des brumes qui voilent le ciel, elle semble tendre des doigts de fée qui dessinent les saisons sous sa lumière variante. Les printemps déploient un air de repos, comme si la vapeur du fleuve pochait le pay- sage de nuances douces. Les étés jettent leur belle assurance en aplats verts et bleus dans cette nature fertile, sûre d'elle, épanouie. Ils dévoilent la nudité du fleuve, et, dans leur impudeur, les îlots sableux qui ponctuent secrètement ses entrailles, arrachés depuis la source et déposés au gré de ses courants, tout de caprices contrariés par les îles. Les automnes révèlent la richesse des lieux, débordant de couleurs éclatantes en une parade ultime avant le silence hivernal. Et l'hiver vient, faisant silence et paradoxe, engorgements et roulis d'eaux à l'assaut de la terre. Il faut être doté de cette singulière philosophie des Ligériens, de leur humilité complice, pour saluer ce mouvement nonchalant des eaux qui rythment le temps des hommes. De là peut-être l'expression vague et tenace de « douceur angevine », qualifiant par ailleurs le climat tempéré que le fleuve offre à la province. Mais construire des ponts et des digues, et bâtir la levée imposante qui mène de la Touraine à Angers en suivant la Loire, c'est à la fois s'en protéger et se l'approprier. Chacun sait ici, d'un coup d'œil familier sur les rives, ce que dira la terre dans les mois à venir.

D'autour d'elle, la Loire absorbe, vorace, les rivières aspirées de l'est, du nord, du sud : l'Authion, l'Oudon, le Loir, la Sarthe, la Mayenne et la Maine, la Vienne, la Dive, le Thouet, l'Aubance, le Layon, le Louet et l'Evre. Mineures en leur identité, ces gracieuses se plient aux terres environnantes pour suivre leur tracé et rehaussent leur fertilité. Mais c'est elle, la Reine, qui impose à l'Anjou la personnalité flamboyante de ses rives. Elle arbore sur ses coteaux les vignes, les châteaux et les édifices religieux qui font la blanche élégance du Saumurois. Plus loin, les promontoires se prolongent, parcourus de rivières et de ruisseaux alanguis, abritant villes et villages érigés sur la rive sud.

Sur le bassin de la Maine, la navigation fluviale, qui a délaissé le commerce pour la plaisance, offre au regard du promeneur des paysages insoupçonnés et la douce sensation d'exister hors du temps. Glissant en silence sur les eaux calmes, il se fait le témoin discret d'une flore et d'une faune d'exception, et salue d'un geste amical les éclusières, maîtresses des dénivellements, ou le passeur de bac de l'île Saint-Aubin. Au passage, il croise parfois, sous les piliers de granit des ponts, seul au détour d'un méandre ou installé sur un ponton, un pêcheur matinal concentré sur sa tâche.

Toutes les eaux de l'Anjou, éléments primordiaux, sources et facteurs de vie, véhiculent une histoire batelière que les anciens connaissent et que les plus jeunes découvrent avec curiosité.

Le Château de Montsoreau est la porte naturelle entre la Touraine, le Poitou et l'Anjou.
Construit au XVe siècle par Jean de Chambes, ce château témoin des guerres de Religion est une exacte
expression de l'architecture Renaissance qui a si bien magnifié le Val de Loire. C'est dans ce château
que le grand Alexandre Dumas a choisi de conter la triste et belle histoire d'amour de Diane de Méridor,
immortalisée dans son roman *La Dame de Monsoreau*. ⋀

Le filet d'eau qui traverse les bancs de sable de la Loire en été fait place, l'hiver,
à un flot puissant et large, fort et continu, que rien ne saurait arrêter. Charme suprême de la Loire
sauvageonne : les dessins imprévisibles des bancs d'une saison à l'autre, pour ne pas dire
d'une semaine à l'autre. ⋗

Les habitants de la Loire
ont appris à vivre avec les caprices
du fleuve. La nature a également
trouvé son identité face aux assauts
répétés des eaux. Témoins de cette
coexistence, les « boires » de Loire
qui ponctuent les paysages derrière
les levées corsetant le fleuve.

Plusieurs pêcheurs professionnels travaillent encore sur la Loire ; leur présence la plus visible étant
ces longs filets qu'ils installent pour barrer le fleuve. Saumons, aloses, brochets, sandres, lamproies, anguilles…
autant de poissons qui, s'ils ne partent pas pour l'exportation, feront le bonheur des gourmets,
en friture ou accommodés avec la spécialité locale : le beurre blanc. ⋀

Lumière d'hiver sur la Loire en arrivant à la Bohalle par la « levée ».
Route construite sous Henri II Plantagenêt pour protéger la vallée de l'Authion
des crues du fleuve, cette « digue » n'a jamais cédé depuis. ➤

Saumur, élégante et courtoise

ÉLEVÉE SUR LA RIVE SUD DU FLEUVE ROYAL ET COMPOSANTE DÈS L'ORIGINE DE L'ANJOU, LÀ OÙ FOULQUES NERRA ÉTABLIT SA BASE ARRIÈRE DANS SA LUTTE FACE AUX COMTES DE BLOIS, Saumur est la plus lumineuse des villes du département et, aux dires de ses habitants, très agréable à vivre.

Élégante et courtoise, toute de blanc et d'ocre magnifiée par les bleus de la Loire, des ardoises et du ciel, elle donne à contempler la splendeur de son architecture, déroulant sa noblesse sans orgueil personnifiée en la finesse de son château, joyau de tuffeau aux tours coiffées de toits en poivrière lancées vers le ciel. Fierté des habitants, ce logis dont l'histoire rappelle d'épiques batailles illustre l'une des pages enluminées des *Très Riches Heures du duc de Berry* et abrite actuellement les musées du Cheval et des Arts décoratifs.

Sertie dans de riches propriétés viticoles qui ont développé son aisance et dont les caves labyrinthiques ont sauvé des vies pendant les guerres de Religion et servi de cache durant la Seconde Guerre mondiale, Saumur a développé une tradition d'accueil et de tolérance. Berceau rayonnant du protestantisme français à la fin du XVIe siècle, elle reçoit dans son Académie les maîtres huguenots les plus éminents. Au siècle suivant, elle accueille plusieurs congrégations catholiques. Le Cadre Noir, longtemps fleuron de l'armée française, a contribué à sa réputation et prolongé cette confluence de cultures. Maraîchage, horticulture, champignonnières troglodytiques et traditions artisanales illustrent encore la richesse de Saumur, qui a donné son nom à un vin mondialement connu.

Même si le Cadre noir a quitté le centre ville, il est fréquent de croiser chevaux et cavaliers sur les quais de la Loire.

Saumur : le château, point de repère visible de toute la ville, domine de son élégance les quartiers plus récents.

Il conserve une riche collection de tapisseries flamandes ou des Gobelins.

Beaucoup de villages d'Anjou ont conservé un ou plusieurs lavoirs, souvenir du temps où aller faire
la lessive signifiait aussi discuter avec les voisines. Longtemps délaissés la remise en valeur de ces lavoirs
montre l'attention que les communes rurales portent actuellement à leur patrimoine. ∧

Typiques de la Loire de l'Anjou, les barques colorées agrémentent les quais dans les villages,
toujours prêtes pour une partie de pêche lorsque le temps est beau. Caractéristiques également,
les perches qui sortent de l'eau pour amarrer les bateaux, et dont l'emplacement évolue
au fur et à mesure que la Loire capricieuse monte ou descend d'une semaine sur l'autre. ➤

L'arc de la Loire dans sa traversée de l'Anjou offre un vrai contraste entre l'amont et l'aval d'Angers.
Autant les villages baignent leurs pieds dans l'eau entre Montsoreau et Les Ponts-de-Cé, autant la course
vers l'océan est ensuite jalonnée de promontoires d'où les points de vue sur le fleuve sont superbes,
tels Montjean, Champtoceaux, Rochefort ou ici Saint-Florent-le-Vieil. ◄

Autrefois voies de commerce, aujourd'hui réservées au tourisme fluvial, les 400 kilomètres de rivières
de l'Anjou égrènent, au long de leurs cours, leur chapelet d'îles, de manoirs, de ports mariniers et d'églises
ciselées. Ici, la base de Chenillé-Changé sur la Mayenne. ʌ

Les basses eaux donnent à la Loire
son visage de sable. Les hautes eaux
tendent le miroir pour révéler
la beauté des formes et des couleurs.
Impressions toujours changeantes
au gré des saisons…
c'est la Loire de l'Anjou. ◄

Classé monument historique,
le parc du château de Lathan
est unique en France. Gloriette,
grand canal, labyrinthe et souterrain
dessinent ce jardin très particulier.
Il y a trois siècles, Anne Frézeau de la
Frezelière y fit construire un parcours
galant inspiré de la fameuse « carte
du tendre », chère à la littérature
précieuse. ➤

L'Anjou est une terre privilégiée pour les oiseaux migrateurs quand ils descendent des pays scandinaves vers l'Afrique du Nord. Comme si la Loire était un repère, ils s'arrêtent dans les basses vallées angevines dont ils apprécient les zones humides. La Loire et ses îles constituent également des milieux protégés où vivent certaines espèces rares, notamment les sternes. ≺

S'il arrive que la neige recouvre les barques, rares sont ceux qui ont vu la Loire gelée. Gonflée l'hiver par les eaux, l'embâcle total est presque impossible dans un département dont le climat est fortement marqué par la proximité de l'océan. ➢

L'eau, source de toute vie. Le dense réseau de rivières maillant l'Anjou a conduit les hommes à domestiquer l'élément pour des usages pratiques ou esthétiques : douves à usage défensif comme ici au château du Plessis-Bourré, quais où l'on commerce (Bouchemaine), fours à chaux (Montjean), abbaye pour méditer (Saint-Maur au Thoureil)… ▲

La qualité de l'eau est, en Anjou comme ailleurs, un enjeu fort pour l'environnement. Le nombre de kilomètres de rivières ou de plans d'eau à surveiller est considérable. Le laboratoire d'hydrologie et d'hygiène du Conseil général est chargé des analyses de l'eau, des effluents, des boues… afin de garantir la santé des habitants et la protection de l'environnement. ➤

L'Anjou et sa Loire majeure

DERNIER FLEUVE SAUVAGE D'EUROPE, INSCRITE AU PATRIMOINE MONDIAL DE L'UNESCO, LA LOIRE COURT VERS SON ESTUAIRE EN TRAVERSANT LE DÉPARTEMENT D'EST EN OUEST. Parsemée d'îles verdoyantes, elle héberge les oiseaux de passage. Drapée dans son vaste lit aux rivages romantiques, elle ordonne la clémence du temps. Ses rives sont porteuses de tant d'espèces de plantes et fleurs que l'Anjou est un vrai jardin.

Témoin de l'histoire de l'unification politique et religieuse du pays, des guerres sanglantes et des poètes pacifiques, la Loire est aimée sans condition par les siens. Ronsard, du Bellay, Balzac et Gracq ont célébré sa douce et impétueuse grandeur. Et ceux qui vivent à ses côtés lui rendent chaque jour hommage, glissant sur elle un regard jaloux des sagesses dont elle semble détenir le secret. Elle a toujours eu ses familiers, ses amoureux inconditionnels. Les habitants de Rochefort aiment ainsi rappeler que, pendant la Seconde Guerre mondiale, René-Guy Cadou réunit un groupe de poètes autour du pharmacien Jean Bouhier et fonda ce qu'il est convenu d'appeler « l'école de Rochefort », qui publia entre autres dans ses cahiers Fombeure et Guillevic.

Toujours chérie, bien que le commerce ait été abandonné, elle accueille dans ses traditionnelles gabares les promeneurs d'été. Sur ses eaux veillent les silhouettes silencieuses des derniers bateliers et des pêcheurs d'anguille, de saumon, de lamproie et d'alose, qui vivent dans les toues, ces barques longilignes surmontées d'un habitacle qu'ils occupent une partie de l'année.

Depuis longtemps, la Loire n'est plus utilisée pour le commerce. La plaisance et les loisirs désormais font bon ménage avec les mariniers sur leurs gabares. Sur les berges, les pêcheurs savourent les joies d'une bonne journée loin des soucis quotidiens.

De la gabare gonflant ses humbles voiles aux trains traversant la Loire
en quelques secondes au pont de l'Alleud à La Possonnière, les moyens permettant de franchir le fleuve
ont changé au fil des temps. En Anjou plus qu'ailleurs, la fonction commerciale des cours d'eau
a disparu au profit de la plaisance.

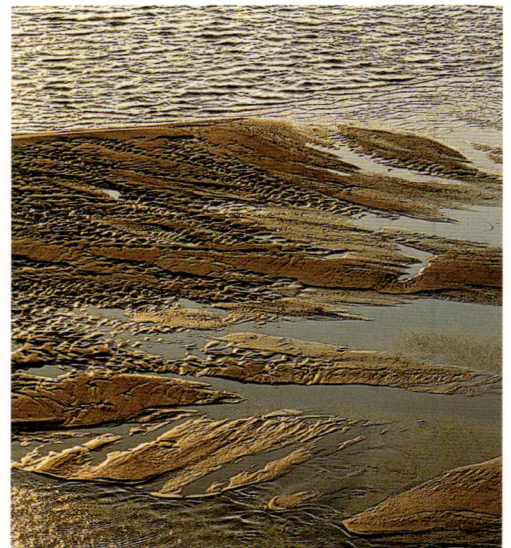

Aimer la Loire de l'Anjou, c'est d'abord regarder les dessins sans cesse changeants de ses bancs de sable dès que les eaux les laissent émerger. Vus de la berge, ou vus du ciel, ce sont autant de pastels abstraits que la nature, par petites touches, perfectionne au fil des jours.

À Maulévrier, dans le parc du Château Colbert, un authentique jardin japonais a été aménagé il y a un siècle.
Cascade, étang puis ruisseau, l'eau joue un grand rôle dans la symbolique de ce parc qui offre aussi
une formidable promenade à travers de magnifiques arbres et des végétaux rares. Exotiques aussi l'embarcadère,
le pont, la lanterne ou le temple khmer… l'Orient au cœur des Mauges.

Devancière des expressions plastiques utilisant des matériaux de récupération,
la Loire joue depuis toujours l'esthétique avec les formes et les couleurs de ses bois flottés,
mis en beauté sans trucages, par les lumières du couchant.

La terre

Une douce richesse

ÉTALE ET LANGOUREUSE EN SAUMUROIS, DENSE DE FORÊTS PROFONDES DANS LE BAUGEOIS, SOMBRE ET MYSTÉRIEUSE DANS LE SEGRÉEN, VOLONTAIRE DANS LES MAUGES ARGILEUSES AUX TOITS ROUGES COMME LE SANG VERSÉ LORS DES GUERRES de Vendée, telle est la terre d'Anjou. Riche et féconde, elle se donne au labeur de ses hommes et se dévoile avec lenteur, n'exposant pas toutes ses richesses au premier regard. En profondeur, elle nourrit Segré de minerai de fer, Trélazé et le Haut-Anjou de carrières d'ardoise fine, les Mauges d'argile rouge, et Bécon de granit, tandis que les sables et la tuffe donnent aux plaines l'éclat particulier de leur douce brillance. Pierres d'eau, le falun granuleux et le tuffeau délicat ont édifié les villages de Loire et rassemblé la grande fratrie des tailleurs de pierre pour la construction d'abbayes et de châteaux. Moins présent, le granit se devine dans les soubassements d'immeubles citadins. Et sur les tertres où les premières fortifications se hissèrent, le schiste se fond dans le travail séculaire des bâtisseurs. Vigoureuse, la terre d'Anjou sculpte des vallons et creuse en ses falaises des cavités propices à la vie, les habitations troglodytes que de nombreux amateurs redécouvrent.

Terre de ruralité que l'on devine encore au peuplement actuel de ses villages, malgré la désertion contemporaine et universelle de la classe paysanne, si bien décrite par l'académicien René Bazin, enfant du pays, l'Anjou s'apprivoise sur les routes départementales, les sentiers forestiers, les chemins innombrables de randonnées pédestres et de parcours équestres. À l'ouest, le bocage des Mauges et du Segréen fourmille d'un lacis végétal où la nature garde ses droits. Le lierre y étreint les arbres le long des bernes. Des kilomètres de silence s'étirent ainsi, dans cette campagne issue d'un autre temps, loin de la flamboyance du Val de Loire. Partout chevaux, vaches, cochons et moutons occupent les prés ; les oiseaux s'approprient les champs ; les manoirs anciens se dressent sur les domaines ; le réseau routier est ponctué de calvaires et la nature jette sa manne bienfaisante. Ancrés en elle par des racines discrètes mais puissantes qui les retiennent où ils sont nés, les Angevins lui expriment un attachement profond. Ils lui ressemblent, patients et prudents, visages humbles dans les bistrots où la patronne sert en souriant le ballon de rouge aux joueurs de belote et aux as de la boule de fort.

Ils lui doivent tout, à cette terre jamais aride qui pourvoit à leurs besoins. Les basses prairies de la Loire et de l'Authion développent cultures maraîchères, vivrières et florales sur des surfaces immenses et colorées. Les Mauges et le Segréen abritent les animaux d'élevage sur leurs vallons aménagés. Les forêts du Baugeois, où vivent d'importants harpails de cervidés et des hardes de sangliers, ravissent les amateurs de champignons et entretiennent une tradition de vénerie. Le Chemillois cultive les plantes médicinales.

Ils lui doivent tout et le lui rendent. Si différents aux sources de leur histoire commune, ils offrent à la terre qui les porte un hommage permanent et actif et dialoguent avec elle, en fins connaisseurs de ses dons. Et tout comme les paysages contrastés de leur département, ils partagent travaux laborieux et envolées lyriques. Ainsi de la vigne et ses plaisirs gourmands. Ainsi de la tradition des potiers et briquetiers qui œuvrent au Fuilet et aux Rairies, façonnant la tommette, élément d'un confort domestique ancestral. Ainsi de la tradition équine avec les haras nationaux du Lion d'Angers où se déroulent d'importantes courses hippiques. Ainsi de la tradition équestre, avec le fameux Cadre Noir de Saumur, au sein de l'École nationale d'équitation formant à cet art classique d'éminents écuyers. Ainsi, de multiples façons au rythme de l'histoire et au gré de tous ses acteurs, de cette qualité d'être qui forge l'identité angevine.

Dans les caves du Saumurois, la culture du champignon a pris une dimension industrielle. Température, humidité, obscurité… les conditions sont idéales pour la production de nombreuses espèces (champignons de Paris, pleurotes, pieds bleus… et les galipettes !). Ici, la champignonnière du Saut aux loups à Montsoreau. Ⱥ

À Saint-Georges-des-Sept-Voies, le plasticien Jacques Warminsky a rencontré le matériau idéal pour créer « l'hélice terrestre », une archisculpture où un labyrinthe souterrain aux courbes douces fait écho à une construction au jour aspirant vers le ciel. Une œuvre qui sollicite les sens, questionne et repose. ➤

La surmaturation des grains de chenin est une des raisons de la réussite des vins du Layon, vins blancs étonnants par leur moelleux et leur délicatesse. ◄

La nature en Anjou bénéficie d'un climat préservé : froid sec en hiver, douceur océanique en été. Les vignobles d'Anjou et Saumur profitent de la douceur du ciel pour ménager les récoltes et bonifier les grains. ➤

La viticulture en Anjou et Saumur
a connu une forte modernisation
en quelques années, tant dans ses
hommes, ses méthodes de travail, que
ses techniques de commercialisation.
Toute une génération de viticulteurs
veut faire avancer le métier vers
une meilleure qualité des produits
tout en respectant le patrimoine que
les anciens ont légué.

Vigne, le nectar des anges

SELON LA JOLIE FORMULE D'UN POÈTE DU XVᵉ SIÈCLE, « LE VIN D'ANJOU EST LE NECTAR DES ANGES ». DE FAIT, BIEN QUE LA PRODUCTION SOIT VARIÉE EN RAISON DE LA DIVERSITÉ DES SOLS et de l'histoire du vignoble de cette province, les ors blancs, rosés et pourpres de l'Anjou rivalisent d'élégance, de fraîcheur fruitée, de caractère et de délicatesse. Pour les amateurs des crus de la région, boire un Anjou c'est goûter le ciel de la Loire aux couleurs chatoyantes des aubes et des crépuscules.

À flanc de coteau sur le versant sud du fleuve, exception faite des Savennières, les vignobles animent les reliefs et leurs saveurs précieuses ornent les tables.

Cépage d'élection de Curnonsky, prince des gastronomes, le chenin ample et corsé enfante les blancs secs et nerveux des Savennières et coteaux de la Loire, sublimés en la célèbre Coulée de Serrant. En pays de Layon, il veloute le Bonnezeaux et le Quart-de-Chaume, vins moelleux et dorés alourdis de pourriture noble et issus de vendanges tardives, tout comme les vins de l'Aubance, leurs voisins.

Glorifiés par Rabelais et sa « Dive Bouteille », les « rougets » (cabernets d'Anjou, rosés d'Anjou et de Loire) sont goûtés à la saison chaude et les rouges se déploient de Brissac à Angers et Saumur, à partir des cépages cabernets franc et sauvignon, la fine fleur en étant le fameux Champigny au secret de framboise. La réputation des Saumur repose aussi sur les vins de fines bulles, ces pétillants crémants de Loire et Saumur brut, élaborés dans d'interminables caves troglodytes par plusieurs maisons au rayonnement international.

Le vignoble de l'Anjou vaut bien plus que l'image des petits rosés faciles dans laquelle l'imagerie populaire veut parfois le réduire. Grands blancs liquoreux, pétillants festifs, rouges légers s'accommodant avec tous les plats, blancs secs rivalisant avec les crus renommés : la viticulture en Anjou-Saumur gagne à être découverte le verre à la main.

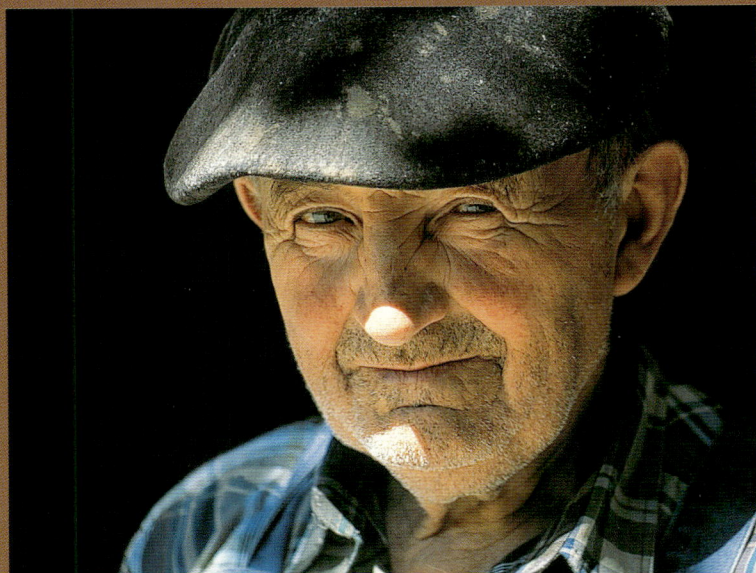

Les pays viticoles offrent toujours une vraie tradition d'accueil… la convivialité est de mise lorsque
le bouchon saute. Ici, le charme d'un rosier dit tout du sens de l'accueil à Rablay-sur-Layon. ⋏

La saison des vendanges… un bon moment à partager sur les coteaux. Au gré des rangs,
le poids des hottes promet des vins fameux pour qui saura attendre. ➤

L'art de vivre en « troglo » : pour le plaisir des yeux dans la campagne saumuroise.
Derrière la façade intrigante, le troglodyte préserve un monde de fraîcheur et de silence
où le temps ne se déroule plus tout à fait comme ailleurs.

Ardoise, tuffeau, granit, argile…
les matériaux de l'Anjou sont utilisés
depuis fort longtemps pour les
châteaux, les églises ou les maisons.
Ils signent l'identité du Val de Loire.
À droite, un hangar de séchage
de carreaux de terre cuite aux Rairies.

Le Val de Loire, et particulièrement le Sud saumurois, possède la plus grande concentration de troglodytes d'Europe. Lieu de mémoire dédié aux métiers paysans et à la vie rurale d'antan, le musée troglodytique de Rochemenier constitue aussi une approche pour appréhender, grandeur nature, les multiples facettes de la vie souterraine. ◄

Comme des cathédrales creusées dans le falun, le site des Perrières à Doué-la-Fontaine se singularise par la démesure de ses volumes. Une vieille technique d'extraction des pierres par le haut a, au fil des temps, créé cet effet si spectaculaire vu d'en bas. ►

Terre traditionnelle d'élevage et de viticulture, l'Anjou a diversifié ses activités agricoles vers des secteurs dynamiques plus spécialisés comme la production de semences, les plantes aromatiques et médicinales, et, ici, l'arboriculture fruitière pour être désormais le cinquième département agricole français. ≺

Au sud d'Angers et dans la vallée de l'Authion, la terre, la douceur du climat et le savoir-faire des hommes ont développé une remarquable activité horticole qui place l'Anjou au premier rang français pour la production de chrysanthèmes, d'hortensias… Ici, une serre de pensées à Angers. ≻

La forêt est très présente en Maine-et-Loire surtout dans le Baugeois où certains massifs présentent
des espèces rares. Appréciée pour son bois, elle est aussi un lieu de détente pour les amoureux de la nature.
Elle offre pour la pratique de la randonnée à pied, à cheval ou à vélo, des sentiers au charme renouvelé
d'une saison à l'autre. ∧

Des selleries et des voitures hippomobiles (Montgeoffroy), des meutes de chasse (Brissac), un haras national
(Le Lion-d'Angers), des écoles de formation (Saumur), treize champs de course, un millier d'élevages,
500 kilomètres de sentiers cavaliers : en Anjou, c'est aussi l'imagination qui se met au galop. ➢

Segré, authentique et secrète

CAPITALE DU HAUT ANJOU SUR LA ROUTE DES MARCHES DE BRETAGNE, SEGRÉ, ANCIENNE VILLE MINIÈRE, EST DÈS L'ABORD QUELQUE PEU DISTANTE, PLUTÔT DISCRÈTE ET SECRÈTE, QUASI mystérieuse, assise sur les douces rives de l'Oudon et de la Verzée qu'animent aux beaux jours les joies du tourisme fluvial, bassin actif au sein d'un bocage de troublante nature. Son cœur est dominé par l'église néo-classique Sainte-Madeleine et ses parterres en terrasse savamment découpés dans le schiste.

Son charme familier serait celui d'un logis que l'on retrouve avec plaisir après avoir parcouru les chemins étonnants de la nature segréenne, exempte de grande concentration urbaine et riche de villages aux toits d'ardoise en pente abrupte, toujours embellis d'églises, de manoirs, de châteaux, d'arbres et de points d'eau.

Haut lieu de grandes propriétés nobiliaires, le Haut Anjou a toujours privilégié la ruralité sur ses terres d'élevage et de chasse, et, en les parcourant à notre époque, on s'attend à voir surgir des frondaisons qui cèlent les domaines et les fermes un gentilhomme comme le marquis de la Lorie qui introduisit, dans les écuries de son admirable château, le premier étalon anglais de la province.

Non loin de là, à Chenillé-Changé, c'est un membre de la famille de Rougé qui créa, au XIXᵉ siècle, la race bovine Maine-Anjou, consacrée récemment par une appellation d'origine contrôlée, l'une des premières attribuées pour la viande bovine en France.

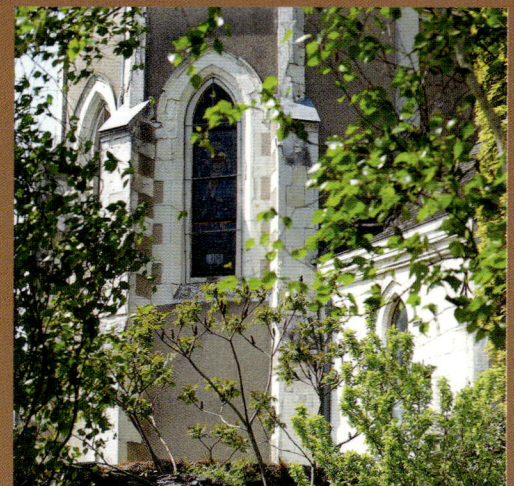

Aux marches de la Bretagne, Segré est une petite ville qui revendique bien son identité haute-angevine. Si les mines n'assurent plus la prospérité des temps jadis, cette sous-préfecture reste animée par ses rues piétonnes commerçantes et par un riche tissu de petites et moyennes entreprises. Alentour, l'élevage permet à des entreprises agro-alimentaires d'envisager l'avenir avec un optimisme certain.

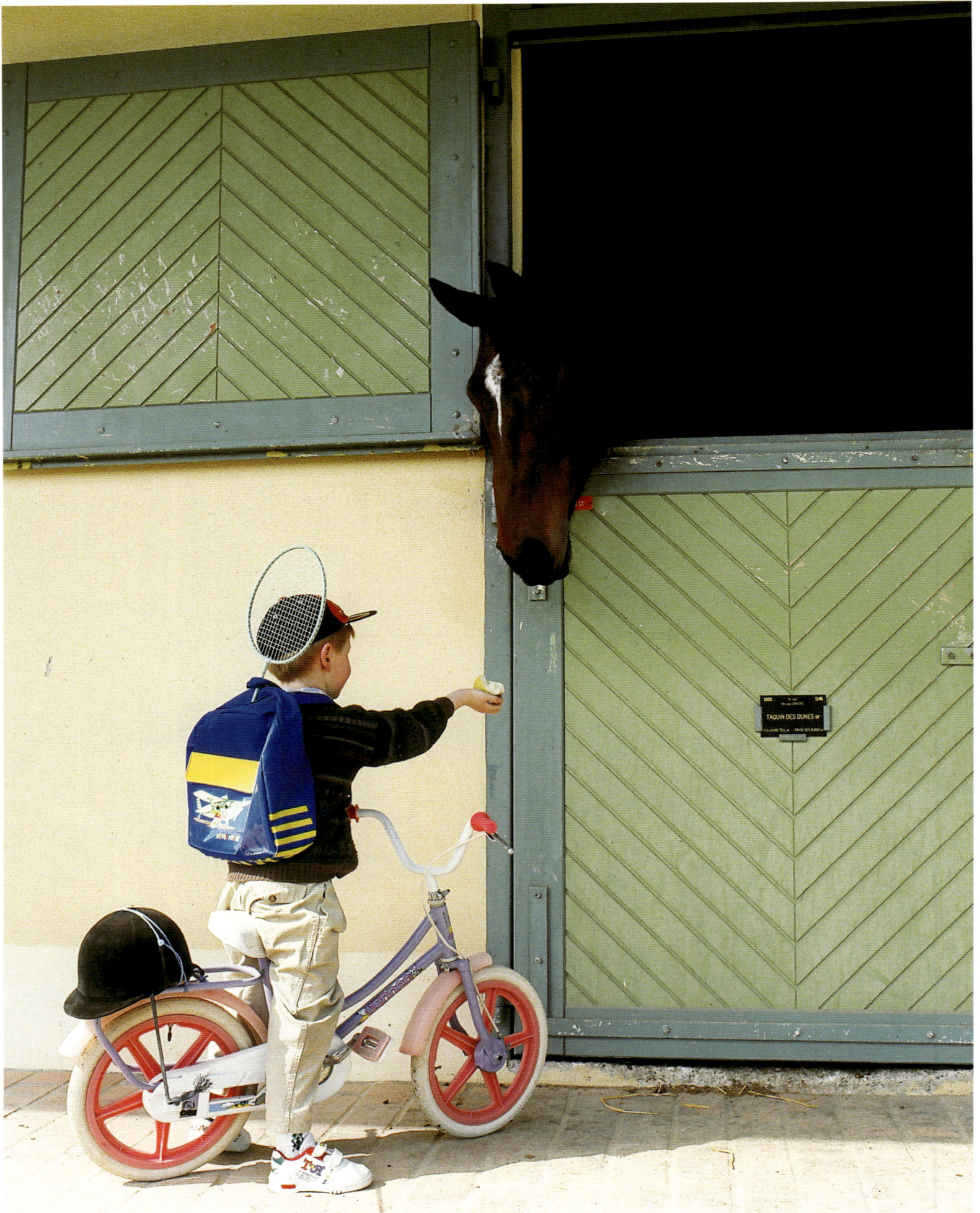

L'Anjou est reconnu parmi
les grands départements français
pour l'élevage des chevaux.
C'est dans le Haut Anjou que
travaillent le plus d'éleveurs
et d'entraîneurs. Au Lion-d'Angers,
les haras nationaux sont la vitrine
et le fleuron de ce dynamisme.

De toutes les fleurs qui poussent en Anjou, la rose est, aux yeux de beaucoup, la reine. Autour de Doué-la-Fontaine, des millions de boutons éclosent aux beaux jours. Les rosiéristes créent sans cesse de nouvelles variétés aux senteurs envoûtantes baptisées le plus souvent du nom de femmes célèbres, en particulier d'actrices.

Au soir des belles journées d'été, les promenades dans la vallée du Layon prennent
une dimension féerique entre les coteaux à la belle chevelure ondulante des vignes et une nature
des plus généreuses qui invite tantôt à la fête, tantôt au silence. A

Les paysages de l'Anjou présentent de forts contrastes entre le nord et le sud, l'est et l'ouest.
Les vignobles se concentrent tous au sud de la Loire, la forêt dans le Baugeois…
Dans les Mauges et le Segréen, le bocage, terre à vaches par excellence, façonne toujours
l'organisation de l'espace, même si, au fil du temps et des remembrements,
il a été considérablement dénaturé. ➤

L'air

De rêves, d'arts
et d'histoire

Les cieux mouvants de l'Anjou, frémissant de nuages propres à inspirer les rêves, ont toujours charmé les poètes. Il n'est que de parcourir l'espace, ici, pour traverser le temps et se fondre en un délicieux vertige où le passé s'anime et caresse un présent redevable, parsemé de monuments et de musées. Ces derniers sont d'ailleurs si nombreux qu'il n'est pas possible de les citer tous !

De ses origines, la belle province a gardé une fabuleuse floraison de châteaux, de demeures seigneuriales et de traditions d'art. Que l'on y flâne avec la plus grande nonchalance, et l'on apprendra toujours quelque chose, comme malgré soi.

Reconstruit par Saint Louis, l'imposant château d'Angers tout de schiste et de tuffeau, protection séculaire de la cité, veille éternellement sur elle et abrite la tenture de l'*Apocalypse*, plus bel ensemble de tapisseries médiévales parvenues jusqu'à nous. Des douves profondes en protègent l'entrée. Pour pénétrer dans son enceinte, il faut franchir le pont-levis et passer la herse. Tout près, la promenade du Bout du Monde surplombe la Maine. Installé là, cheveux au vent, le promeneur rêve, comme le roi René d'Anjou se plaisait à le faire au XVe siècle ; et les amoureux enlacés perpétuent l'usage, rivalisant d'imagination courtoise… Quelques kilomètres plus loin, niché au cœur d'un charmant village, le château du Plessis-Macé se transforme en décor prestigieux l'été, pour les représentations théâtrales du Festival d'Anjou. Tout à côté, le Plessis-Bourré est quant à lui un décor prisé par le septième art pour des films d'époque. Se promener encore, c'est découvrir des trésors d'architecture dont la liste serait fastidieuse : l'élégance de Montsoreau ; la somptuosité de Serrant ; la magnificence de Brissac ; le faste subtil de Montgeoffroy à l'époque des lumières ; la chaleur des ocres de Baugé…

Au siècle des Romantiques, c'est le pépiniériste André Leroy qui affirme la vocation verte de l'Anjou, exprimée en de nombreux jardins et parcs où la respiration le dispute à l'inspiration. Dans le Baugeois, aux confins de la Touraine, se cache le parc du château de Lathan, dédié à l'amour sur le thème de la « carte du tendre », et en Saumurois le jardin des roses de Doué-la-Fontaine, où les sens s'émeuvent. Dans le Choletais, le parc oriental de Maulévrier favorise la méditation. Et Angers, ville blanche épousée de flots verts, n'a de cesse de déployer ses jardins enchanteurs et ses boulevards arborés.

L'Anjou a également conservé un patrimoine religieux d'exception. Robert d'Arbrissel en fut l'une des plus illustres figures, qui fonda ce qui devint l'un des plus grands ensembles monastiques européens, l'abbaye royale de Fontevraud. Cette splendeur des temps anciens vibre encore de la gravité spirituelle des chants grégoriens et abrite à jamais le gisant de Richard Cœur de Lion et de sa mère Aliénor. Le sacré s'exprime aussi parfois en d'étranges fantaisies. C'est le cas dans le Baugeois, où s'élancent les clochers « vrillés » ou « tors » dont l'origine inexpliquée bouscule l'imagination. C'est aussi là que l'on trouve la légendaire et très précieuse croix à double traverse dite « d'Anjou », modèle avéré de la croix de Lorraine.

Le souvenir dramatique des guerres de Vendée, très ancré dans les esprits, marque les Mauges : églises ornées de vitraux émouvants et lieux commémoratifs tel le mausolée du « Pardon de Bonchamps » du sculpteur David d'Angers dans l'abbatiale de Saint-Florent-le-Vieil qui domine l'île Batailleuse sur un bras amaigri de la Loire.

Ces épisodes sanglants trouvent leur illustration au musée de Cholet. Car les Angevins célèbrent leur histoire tout autant que leurs productions artistiques et les richesses naturelles de leur terroir. Artistes et amateurs éclairés ont de tout temps légué leurs collections particulières à leurs villes. Ainsi le journaliste Joseph Denais a-t-il fondé à Beaufort-en-Vallée un véritable cabinet de curiosités où se côtoient antiquités égyptiennes et étrangetés de toutes sortes dans un joyeux amoncellement… Et, tout près de là, le sculpteur Jules Desbois, ami et collaborateur de Rodin, voit désormais son œuvre exposée dans sa ville natale de Parçay-les-Pins.

Et encore, au fil de ces apprentissages, peut-on ignorer les savoir-faire locaux qu'exaltent les musées de la Vigne et du Vin, de la Chaussure, du Textile, de l'Ardoise, du Champignon et la Cité des Métiers ?

À La Chapelle-sur-Oudon,
le château de la Lorie est un petit
bijou du XVIIIᵉ niché au cœur
d'un parc et de jardins à la française.
Riches boiseries dans la salle à manger,
salon de marbre, grande galerie
proposant une collection de vases
de Chine… l'authenticité des châteaux
habités de l'Anjou. ≺

Le château de Serrant est réputé
pour être le mieux meublé de France.
Sa bibliothèque vient d'être inscrite
à l'inventaire des Monuments
historiques, protection sans doute
unique pour une bibliothèque privée
en France. Les 8 000 volumes
offrent une perspective saisissante.
Charme supplémentaire du lieu :
les reliures des ouvrages aux quatre T,
symboles des quatre titres de
la famille : duc de la Trémoïlle,
prince de Tarente, prince de Talmont
et duc de Thouars. ≻

Lieux d'habitation et de plaisance, les châteaux de l'Anjou sont aussi des lieux ouverts à l'art et à la connaissance. Salons, salles de musique, bibliothèques… À gauche, le château féodal qui veille depuis un millénaire sur Montreuil-Bellay, un des plus beaux sites, au bord de la rivière, de la « Vallée des Rois ».

De tous les grands châteaux habités de l'Anjou, celui de Montgeoffroy incarne le mieux le charme du XVIIIe siècle. Son fondateur, le maréchal de Contades, fit construire l'édifice en 1772, demeure qui est toujours restée dans la famille. Au bout de la grande allée, la magnificence de la façade dit beaucoup de la majesté du lieu. ∧

Bâti entre le XIe et le XIXe siècle, le château de Brézé est une vaste demeure entièrement meublée, mais le plus intéressant se trouve sous terre. Un réseau de galeries troglodytes, long de 800 mètres, serpente sous la demeure seigneuriale et conduit jusque dans les douves. Elles passent pour être les plus profondes de France à entourer ainsi tout un château. ➤

Le plus bel attrait des châteaux de l'Anjou est assurément d'être habités et accueillants.
Ils poursuivent en cela une vieille tradition : le roi René aimait à se reposer au château de Baugé,
Challain-la-Potherie vous accueille dans la démesure de ses cent vingt pièces, Serrant abrite
un riche mobilier, et, ci-contre à Brissac, plus besoin de titre de noblesse pour passer une nuit
dans la chambre où dormit Louis XIII.

Angers : attractive et studieuse

AUX PORTES DU VAL DE LOIRE CLASSÉ AU PATRIMOINE MONDIAL DE L'UNESCO, ANGERS EST RÉPUTÉE POUR SON CADRE DE VIE. LA VILLE A SU VALORISER SES RICHESSES NATURELLES ET patrimoniales et, depuis plus de dix ans, met en œuvre une politique conciliant environnement, développement économique, amélioration de la vie sociale et coopération internationale. Ainsi, Angers est fréquemment donnée en exemple comme « cité laboratoire du développement durable ».

Célèbre pour sa douceur de vivre, Angers est forte de la jeunesse de sa population, de ses deux universités, de ses pôles de recherche et de développement économique dans les domaines du végétal, de la santé, de l'électronique et l'informatique, de l'automobile et du tertiaire.

Angers revendique le label ville d'Art et d'Histoire, dominée par l'imposante silhouette du château du roi René, forteresse aux dix-sept tours et écrin du chef-d'œuvre de l'art médiéval de la tapisserie : la tenture de l'*Apocalypse* (tissée de 1375 à 1380). Comme en écho, de l'autre côté de la Maine, lui répond *Le Chant du monde* de Jean Lurçat, œuvre contemporaine présentée dans le cadre prestigieux de l'ancien hôpital Saint-Jean (XIIᵉ siècle). Ce sont aussi la cathédrale Saint-Maurice, la tour Saint-Aubin, l'abbatiale du Ronceray, l'hôtel des Pénitentes et le musée des Beaux-Arts, dernière grande restauration qui ponctue la découverte de la ville.

Toute l'année, la culture prend des tours changeants avec des festivals de rue, de cinéma ou de journalisme, qui complètent la présence d'artistes résidant à Angers, en danse, musique, opéra, théâtre…

Le château d'Angers, qui surplombe la Maine depuis le Haut Moyen Âge, reste le symbole de la ville. Il commença à être démonté fin XVIᵉ par Henri III désireux de contenir la puissance des protestants. Grâce à la mauvaise volonté du gouverneur, seules les toitures « en poivrières » disparaîtront. Aujourd'hui, on reste impressionné par le dispositif défensif de l'édifice, jamais pris en défaut au fil des siècles. Ci-contre, la fête de la Musique place Sainte-Croix, la nouvelle gare TGV, et le cloître Saint-Jean.

Aux portes d'Angers, les carrières d'ardoise de Trélazé.

Angers abrite deux trésors de la tapisserie : *L'Apocalypse* et *Le Chant du Monde*.
Présentée au château, *L'Apocalypse*, commandée au XIVe siècle par Louis Ier d'Anjou,
est la plus grande tenture médiévale parvenue jusqu'à nous. Chef-d'œuvre du XXe siècle,
Le Chant du Monde de Jean Lurçat (au centre) lui répond comme un écho contemporain :
quel sens pour l'Homme après les affres de la Deuxième Guerre mondiale ?

Les architectes qui travaillent dans l'Anjou d'aujourd'hui aiment à donner des notes originales à leurs créations tant dans les constructions neuves, en particulier pour les équipements publics (ci-contre l'Hôtel de ville de Baugé), que lors des rénovations de grands édifices (ci-dessus la façade du théâtre d'Angers). Un souci que le promeneur remarque dans le paysage urbain.

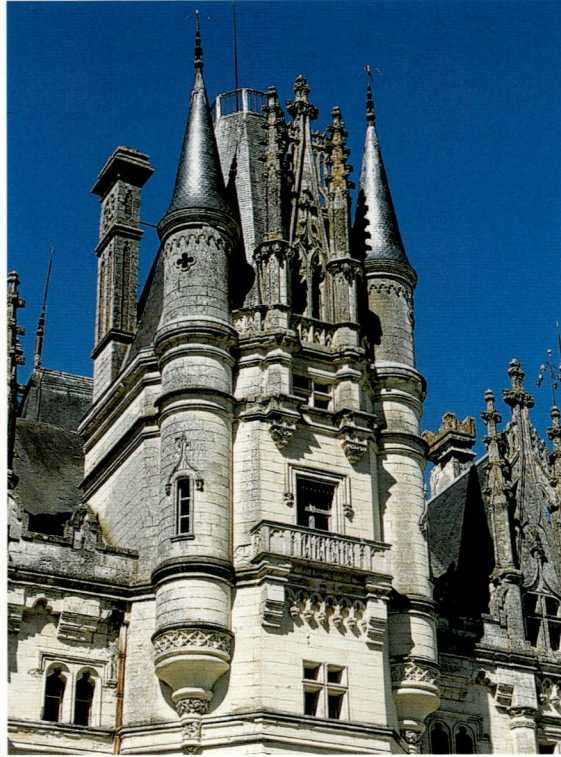

L'Anjou a toujours été
du « pain béni » pour les architectes.
Au XIXe siècle, la moitié des mille
deux cents châteaux ont été construits
ou restaurés. Challain-la-Potherie
en est le bijou. Aujourd'hui, nombreux
sont les jeunes architectes installés
en Anjou qui travaillent sur
des projets d'envergure nationale
ou internationale.

Cinq églises de l'Anjou
se distinguent par leur clocher vrillé,
également appelés clocher tors.
On doit cette particularité, qui suscite
les explications les plus variées, aux
maîtres charpentiers qui dessinèrent
un tracé hélicoïdal. Groupés autour
de Baugé, ces clochers présentent
de réelles différences : fins ou lourds
à la base comme ici à Pontigné,
tournant dans l'un ou l'autre sens,
ou même ne vrillant que jusqu'à mi-
hauteur comme à Mouliherne. ≺

L'église collégiale Saint-Martin
illustre l'évolution de l'architecture
religieuse angevine depuis le VIIe siècle.
L'édifice actuel remonte au
premier quart du XIe siècle dont
la construction fut entreprise par
Foulques Nerra. De nombreux
travaux ont été entrepris au cours des
siècles suivants par les Plantagenêts
et le roi René. Ce monument d'intérêt
européen sera prochainement
réouvert au public. ≻

L'annonce en février 1793 d'une levée de 300 000 hommes pour la défense des frontières déclenche un élan de refus populaire dans le bocage des Mauges. Après plusieurs succès des « blancs », partisans du retour à la monarchie (victoires à Saumur, Angers puis Torfou), les « bleus » envoyés par la Convention renversent la situation au prix de combats terribles. Après sa défaite à Cholet, l'armée catholique et royale tente de rejoindre l'océan afin d'aller chercher l'aide des Anglais, mais la « virée de galerne » marque le début d'une répression systématique et cruelle dont le plus atroce épisode est le passage des colonnes infernales de Turreau. Dans les villages des Mauges, les vitraux dédiés aux guerres de Vendée conservent le souvenir de ces heures tragiques.

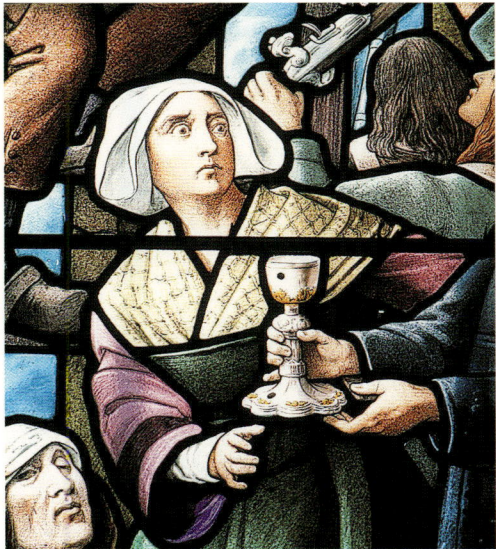

Spécialisée dans la mesure du temps depuis le XIXᵉ, l'entreprise Bodet à Trémentines a pris un essor considérable dans l'horlogerie industrielle et le chronométrage sportif. Néanmoins, elle garde une place de leader pour la fabrication d'horloges de clochers et, activité relancée il y a une dizaine d'années, la restauration de cloches endommagées par le temps. Λ

La dynastie des Plantagenêts a laissé son nom à une forme nouvel e de l'art architectural.
Les voûtes gothiques Plantagenêt sont constituées d'une succession de coupoles à la forme très bombée reposant sur des branches d'ogives aux multiples nervures, appuyées sur de fins chapiteaux ornés.
Ce style angevin s'est répandu en France et à l'étranger (Espagne, Angleterre…) jusqu'au XIIIᵉ siècle.
Ici, l'église Saint-Serge à Angus. ➤

Fontevraud, abbaye royale

NICHÉ AU CŒUR D'UN VALLON BOISÉ, AU CONFLUENT DE LA LOIRE ET DE LA VIENNE, ET AU CARREFOUR DE TROIS PROVINCES ET TROIS ÉVÊCHÉS, L'ENSEMBLE MONASTIQUE MÉDIÉVAL DE Fontevraud s'étend sur 14 hectares. L'histoire de l'abbaye royale couvre un millénaire de la vie angevine, et ses murs résonnent encore des secrets qu'elle abrita. À la fin du XIᵉ siècle, Robert d'Arbrissel, prédicateur itinérant venu de Bretagne et ayant étudié la théologie à Paris, entame une vie érémitique inspirée préconisant le retour à la pureté de la règle bénédictine. Des centaines de disciples, surtout des femmes, le suivent et forment une communauté près de la source de Fons Ebraldi, où il fonde l'ordre fontevriste. Sa particularité la plus marquante est d'avoir été un ordre mixte dirigé par des femmes pendant sept siècles, sous le saint patronage de la Vierge Marie et de l'apôtre Jean, et selon les vœux de Robert d'Arbrissel qui souhaitait donner là aux hommes l'occasion d'expier leur orgueil à l'égard de leurs sœurs. Soutenue à l'origine par de puissantes familles angevines, l'abbaye est aussi la nécropole de quatre Plantagenêts, princes d'Anjou devenus rois d'Angleterre qui ont oublié là leurs querelles temporelles : Henri II, son épouse Aliénor d'Aquitaine, leur illustre fils, Richard Cœur de Lion, et Isabelle d'Angoulême, épouse de Jean sans Terre. Leurs gisants polychromes y reposent pour l'éternité.

Haut lieu de spiritualité et de culture, de nos jours également, Fontevraud porte aussi les marques du pénitencier qu'elle devint par décret napoléonien jusqu'en 1963. Des milliers de prisonniers y vécurent dans l'attente que s'ouvrent les portes de leur liberté, tels Blanqui, Maurras et Genet.

L'abbaye royale de Fontevraud : fondée en 1101 par Robert d'Arbrissel, cette abbaye a connu trois vies : couvent, prison et aujourd'hui centre culturel. Toujours dirigée par une femme, la vocation de l'abbaye royale de Fontevraud est, sous l'Ancien Régime, l'éducation des jeunes filles de sang royal. Après la Révolution, Fontevraud devient un pénitencier réservant aux condamnés les conditions de vie les plus dures qui soient. Depuis un quart de siècle, l'abbaye magnifiquement restaurée rayonne grâce à ses nombreuses actions culturelles.

Dans la campagne qui entoure la cité de Montreuil-Bellay, on n'entend plus les moines de l'abbaye d'Asnières chanter. La fondation de la paroisse de Cizay date du IXᵉ siècle. Au XIIᵉ, une abbaye bénédictine fut établie à Asnières, dont l'église gothique est une merveille de l'architecture angevine, notamment par ses voûtes dites « Plantagenêt ». ⋀

Construite vers 550 pour recevoir le corps de l'évêque Aubin, l'abbatiale Saint-Aubin fait partie d'un ensemble de sept églises autrefois réunies au cœur d'Angers. L'abbatiale atteint son apogée au XIIᵉ siècle, époque où l'abbé de la Tourlandry entreprend la construction de la célèbre tour. Confisquée à la Révolution, l'abbatiale Saint-Aubin abrite depuis le Conseil général de Maine-et-Loire et la Préfecture. Le cloître magnifiquement restauré se visite encore. ➤

Dominant le village, la collégiale gothique du Puy-Notre-Dame fut construite au XIIIe siècle sur les chemins des grands pèlerinages. L'église conserve toujours la ceinture de la Vierge, un tissu de lin et de soie ramené de Jérusalem par Guillaume, duc d'Aquitaine. ⋘

À côté des grands édifices réputés, les campagnes angevines réservent aux promeneurs nombre de petites chapelles, calvaires et croix de chemins, témoignages d'une foi qui reste en Anjou une référence vivante, comme dans d'autres départements de l'Ouest français, terres de vocations. ⋀

Le feu

Créer en harmonie

HARMONIEUX DANS SON DÉVELOPPEMENT ET SOU-
CIEUX DE SON ENVIRONNEMENT, L'**A**NJOU MANIFESTE UN
DYNAMISME PARTICULIER DANS LA GESTION DE SON ÉCONOMIE AUX
FACETTES MULTIPLES ET DANS LA RICHESSE ET LA VARIÉTÉ DE SES ACTI-
vités culturelles et sportives. Les secteurs de la mode, issus de la tradition du chanvre et du lin, de l'électronique, de l'informatique, des métaux,
de la plasturgie, de la logistique et du tertiaire dénotent la vitalité du
département. Celle-ci est servie par une diversification remarquable que
favorisent des solutions originales élaborées par de petites entreprises
performantes dans leurs domaines. L'activité se répartit avec intelligence
entre zones urbaines et rurales, et la pratique s'enrichit de pôles de
recherche et de formation de haut vol.

La longue tradition musicale issue de la Société des Concerts populaires
d'Angers a ouvert la voie à la création de l'Orchestre national des Pays-
de-la-Loire, qui joue ses partitions innombrables devant un public amoureux et connaisseur. Les jeunes gens apprennent la musique au Conser-
vatoire national de région d'Angers. Dans les lieux qui leur sont dédiés,
les musiques actuelles font preuve d'une vitalité inattendue.

L'histoire du théâtre en Anjou se poursuit également, inscrite dès le
XVe siècle sous la forme des mystères où l'art populaire et les mythes
sacrés s'épanouissaient sur les parvis des églises. Ayant monté, dans les
années quarante, *Le Chemin de la Croix* de Claudel, l'écrivain René Rabault
donna plus tard, au château de Brissac, un *Roméo et Juliette* point d'origine du Festival d'Anjou. Ce grand moment de théâtre anime chaque été
les hauts lieux de l'Anjou avec des spectacles prestigieux issus des réper-
toires classiques et contemporains. Et partout, toute l'année, une pro-
fusion de troupes professionnelles ou amateurs investit villes et villages.
Car l'Anjou artistique est aussi festif. Réputées gourmandes, les fêtes
égaient le calendrier. Entre amis, certes, mais aussi entre gens du cru et
d'ailleurs, dans les bourgs où s'élèvent quelques notes d'accordéon ou

de piano à l'occasion d'une fête de Loire, d'une foire aux vins, d'une fête historique... à Saumur, avec le Festival des Géants ; à Cholet avec le Carnaval... Et le temps s'égrène encore avec un déroulé annuel impressionnant d'expositions d'artisanat et d'arts plastiques dans d'innombrables galeries, dans les musées, les théâtres, les cafés, les ateliers d'artistes... Un public dont la curiosité et la soif de découvrir s'expriment également du côté du septième art, riche de salles et d'événements, dont le festival Premiers Plans ; riche aussi d'associations de passionnés qui portent la cinéphilie dans les campagnes où les vieux cinémas ressuscitent.

D'autres passionnés diffusent les lettres et la lecture, un goût largement partagé en Anjou, patrie des Bazin, René et Jean, ainsi que de Julien Gracq ; avec des bibliobus gérés par la Bibliothèque départementale de prêt, desservant l'ensemble du département... La danse et les arts de la rue tiennent une bonne place aussi dans cette vie foisonnante.

Partout s'exalte l'amour du faire. En ville comme en campagne, des jeunes férus de gastronomie ouvrent guinguettes et restaurants où s'affirme une tradition forte de convivialité. En bord de Loire se perpétue l'art du poisson en sauce, dont le fameux beurre blanc. Partout foisonnent des associations qui offrent une palette de loisirs à goûter : partir en randonnée ; observer les oiseaux... et, depuis quelques années, des grands rassemblements familiaux sur la levée de la Loire comme la « Fête du vélo » ou « Jour de Loire ».

Cette dynamique d'ensemble, quelquefois difficile à percevoir pour le nouvel arrivant, serait comme un iceberg dont on n'observe la part visible qu'à certaines occasions et dont on découvre la force en s'immergeant soi-même. On le voit notamment dans le domaine sportif, où la pratique de masse fait naturellement émerger une élite qui se distingue au plus haut niveau international, tant dans les sports d'équipe que dans les disciplines individuelles.

Angers est une des villes qui compte dans le paysage de la danse grâce au Centre national de danse contemporaine. Lieu de formation de jeunes capables d'intégrer les grandes compagnies françaises et étrangères, lieu de résidence de chorégraphes réputés qui présentent la première de leur spectacle à Angers, le CNDC est un lieu de recherche et de création sans équivalent en France. ≪

Contrastant avec de nombreux peintres qui trouvent l'inspiration dans les lumières changeantes de la Loire, certains artistes se distinguent dans des styles nouveaux plus abstraits dans la bande dessinée ou bien lors de festivals de rues. ➤

L'Anjou aime les fêtes : carnaval et crèche vivante de Cholet, géants de Saumur, ou ici accroche-cœur d'Angers, les occasions de s'approprier le cœur des villes pour faire la fête ne manquent pas, tant de jour que de nuit. ≺

Le Festival d'Anjou est un événement théâtral qui se déroule chaque été en plein air dans les demeures historiques de l'Anjou, principalement sous le magnifique balcon Renaissance du château du Plessis-Macé. Fondé en 1950, il a accueilli les plus grands comédiens venus donner les grands textes du répertoire, classique ou contemporain, et il est considéré comme le deuxième festival de théâtre de France, après celui d'Avignon. ≻

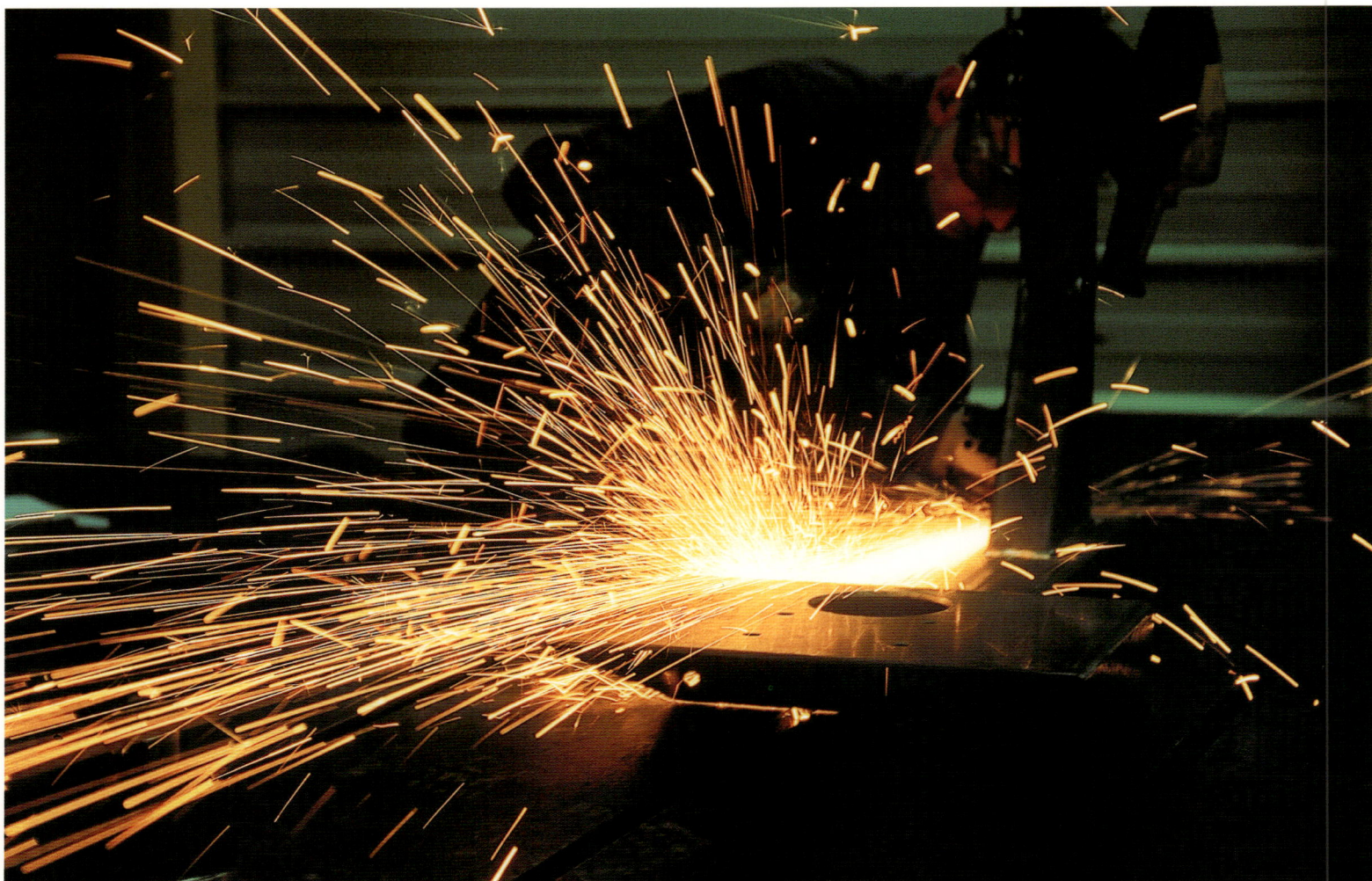

L'Anjou, département industriel ! L'affirmation peut surprendre tant elle recouvre une réalité méconnue.
Tout en ayant développé un fort secteur tertiaire notamment dans les services, la région angevine
et le bassin d'emploi de Cholet ont en trente ans considérablement étoffé un tissu de grandes unités de
production entouré d'une kyrielle de petites entreprises performantes. Ci-contre, la fabrication
de thermomètres chez Alla à Chemillé.

En Anjou, il suffit de lever la tête pour comprendre que l'on est au pays de l'ardoise. Extraite à Trélazé
et dans le Haut Anjou, l'ardoise reste une image forte de l'industrie angevine. Matériau prisé par les professionnels
du bâtiment tant pour ses qualités d'isolation que de durabilité, la production d'ardoise d'Anjou vise
de plus en plus le « haut de gamme », tant pour les constructions neuves que pour les grands chantiers de restauration.

Parmi les 500 entreprises
de la métallurgie exerçant en Anjou,
certaines occupent des places
enviables : le leader mondial
du pressoir Vaslin-Bucher, Thyssen
Ascenseurs, les sécateurs Devillé
ou bien encore Aviatube dont l'unité
angevine est spécialisée dans
l'aluminium. Ici, le travail d'un ouvrier
de chez Tolanjou à Tiercé. ◄

Le père Noël a posé sa hotte
en Anjou ! La qualité des fabricants
de jouets qui y sont installés lui facilite
la tâche pour livrer les enfants :
les masques César qui fabriquent
chaque année des centaines de milliers
de masques et de panoplies pour
les carnavals et les fêtes (Mardi gras,
Halloween…) ou les soldats de plomb
CBG Mignot, une des rares entreprises
au monde à fondre ses figurines à
partir de moules dont certains sont
antérieurs à la Révolution. ➢

Cholet, persévérante et inventive

À LA LISIÈRE SUD-EST DE L'ANJOU, CHOLET, CAPITALE DES MAUGES, FUT LA DERNIÈRE À ÊTRE RATTACHÉE ADMINISTRATIVE- MENT AU DÉPARTEMENT. ELLE EN EST POURTANT DEVENUE la deuxième ville par sa population et son poids industriel. Elle est la cité d'Anjou la plus proche, culturellement, de la Vendée et de la Bretagne, avec lesquelles elle a partagé longtemps une histoire douloureuse.

De la tradition des tisserands (les fameux mouchoirs de Cholet sont exportés dès le XVIe siècle), elle a gardé le savoir-faire et développé une importante industrie textile qui a fleuri dans les aléas de la mode et les griffes de la haute couture. Depuis longtemps reine du vêtement pour enfants et de l'industrie de la chaussure, Cholet a toujours su diversifier ses activités (agro-alimentaire, plasturgie, mécanique et bâti-ments, travaux publics).

Ouvrière et besogneuse, elle s'est étendue pour loger sa nom-breuse descendance, comme ses ancêtres rivés en ces lieux avec, alentour, les « usines à la campagne » qui ont évité l'exode vers la ville. Les ateliers y fleurirent innombrables, relayés par les manufactures. Persévérante et inventive, Cholet poursuit son chemin inédit, rassemblant ses ressources et en développant de nouvelles, notamment dans les domaines du sport (son équipe de basket s'illustre au niveau européen) et de la culture, depuis qu'elle abrite le Théâtre régional des Pays-de-la-Loire et un joyeux « jardin de verre », salle de concerts et spectacles où sa jeunesse exprime l'ambition de son dynamisme et sa créativité.

Deuxième ville du Maine-et-Loire, Cholet aime cultiver l'image de rebelle, dans la grande tradition des héros des guerres de Vendée. Aujourd'hui, c'est plus pacifiquement que Cholet s'enorgueillit d'être la cité de l'Anjou qui fait le plus parler d'elle grâce à son équipe de basket, habituée des places d'honneur européennes.

La Libération : le grand jour de Cholet au XXᵉ siècle.

La mécanique est un secteur fort de l'économie angevine, en raison notamment du dynamisme de la filière automobile qui compte ici plusieurs nombreux grands noms : Scania, Valéo, Bosch… ainsi que beaucoup de fabricants d'équipement pour les grandes marques. ≺

Née dans les années soixante avec l'arrivée de deux grands noms du secteur : Bull et Thomson, l'électronique a connu un développement considérable au fil des ans avec l'implantation de Motorola, Barphone (devenu Lucent et Célestica) et plus récemment de Packard-Bell (devenu NEC computers international). Désormais, la filière électronique de l'Anjou compte aussi sur ses « petites entreprises pointues » pour rester dans la course à l'innovation. ➤

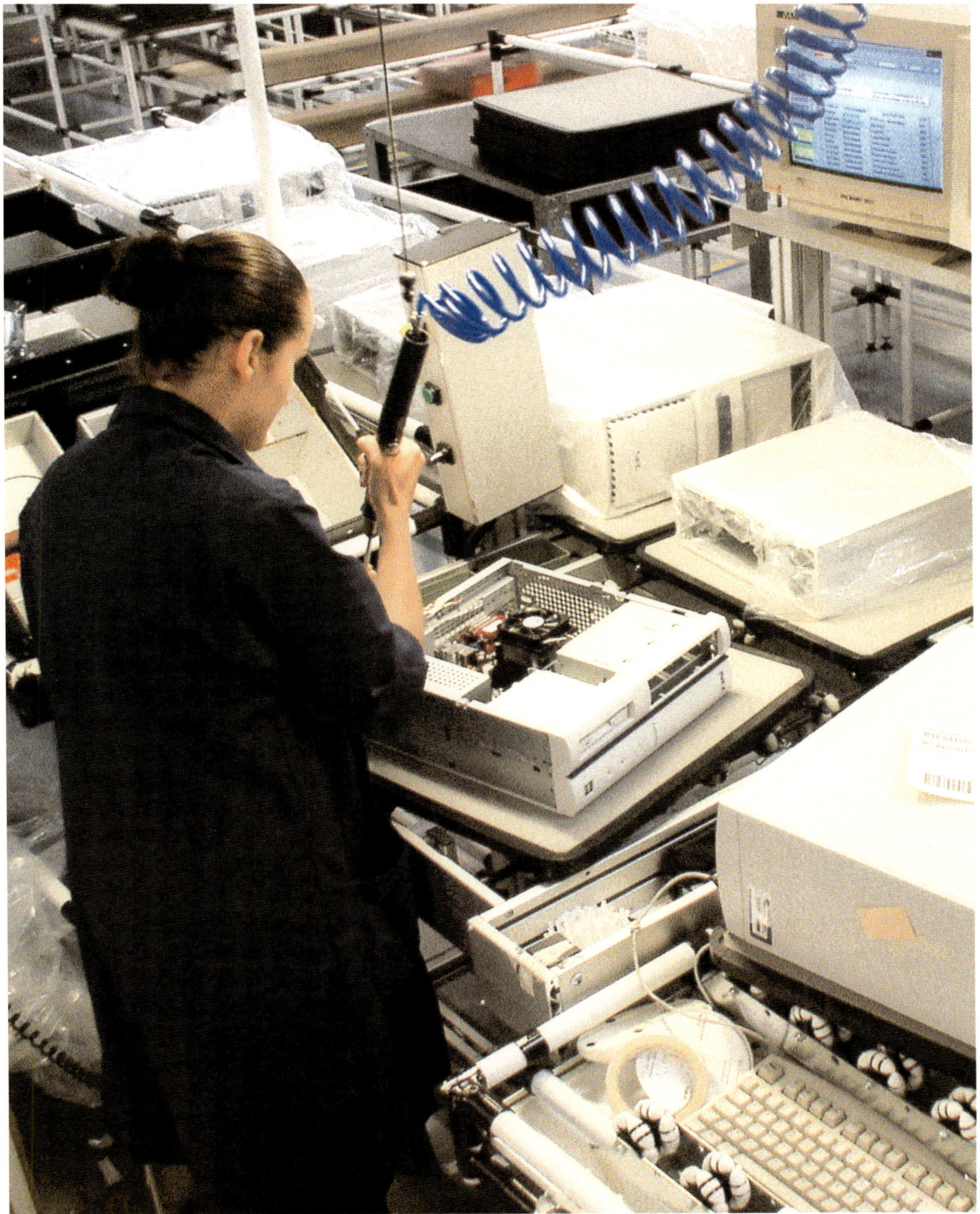

L'agro-alimentaire est un domaine porteur pour l'économie du Maine-et-Loire. Derrière des fleurons anciens, comme ici Cointreau, liqueur mondialement connue, un réseau d'entreprises à taille européenne (abattage, boissons, vins, champignons, conserves…) s'appuie sur un bon tissu de PME (brioches, plats cuisinés, et à un degré moindre les produits laitiers).

Plusieurs communes de Maine-et-Loire gardent vivante la tradition de métiers qui ont connu des heures de gloire sur leur sol au travers de leurs « musées de société ». Chaussure à Saint-André-de-la-Marche, batellerie à Montjean-sur-Loire, vignerons à Saint-Lambert-du-Lattay, textile à Cholet, vieux commerces à Doué-la-Fontaine, vieux métiers à Saint-Laurent-de-la-Plaine, paysannerie à Louresse-Rochemenier, ardoise à Trélazé, granit à Bécon-les-Granits, terre cuite aux Rairies et ici les potiers au Fuilet.

Plus de 10 000 artisans exercent
en Maine-et-Loire. Parmi eux,
les métiers d'art connaissent une vitalité
remarquable. Habileté manuelle,
connaissance des techniques, sensibilité
artistique… l'Anjou voit régulièrement
ses artisans d'art reconnus par
leurs pairs : luthiers, relieurs, facteurs
d'instruments de musique ou
restaurateurs d'œuvres d'art. ◄

L'Anjou est mélomane et l'Orchestre
national des Pays-de-la-Loire est le
fleuron de cette passion. Se produisant
régulièrement à Angers, Nantes et
dans les autres villes du département,
ce grand orchestre est aussi
un ambassadeur du talent des artistes
angevins bien au-delà de nos
frontières. ➤

Née de la crise du textile à la fin du XIXᵉ siècle, l'industrie de la chaussure a connu un développement tel que le Choletais, avec son concept d'usines à la campagne, est devenu la première région française pour les articles chaussants. Eram étant l'entreprise la plus importante. Dans le Haut Anjou, la maroquinerie Longchamp (ci-contre) est un autre type d'exemple de réussite endogène dans la filière cuir « haut de gamme ».

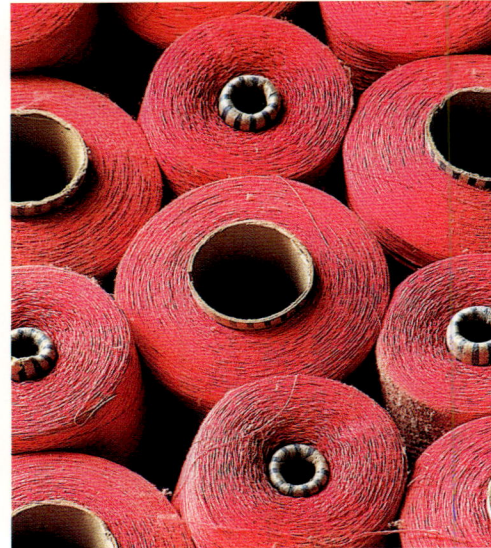

L'industrie des Mauges est l'héritière d'une vieille tradition textile devenue l'un des symboles de la ville avec le « mouchoir rouge de Cholet ». Depuis, les industries de la mode ont pris une importance considérable, tant pour l'habillement que pour la chaussure. Pour rester le numéro un français pour la confection enfantine, les industriels choletais misent beaucoup sur des collections courtes et très créatives et sur la promotion de tout un pôle « enfant ».

Cadre Noir, rigueur et élégance

FLEURON DE L'ÉQUITATION FRANÇAISE, LE CADRE NOIR EST ISSU DE L'ÉCOLE royale **DE CAVALERIE DE SAUMUR, FONDÉE EN 1825 PAR LE ROI CHARLES X. HÉRITIER D'UNE LONGUE TRADITION** issue de la prestigieuse Académie de Naples au XVIe siècle, il a intégré en 1972 l'École nationale d'équitation afin d'assurer le maintien et le rayonnement de cet art. L'École a pour vocation de former les cadres de l'équitation à l'échelle nationale, de préparer les compétiteurs aux plans national et international, d'engager et poursuivre des recherches dans les domaines techniques et pédagogiques. Elle est devenue, depuis peu, le siège du pôle France Équitation dans les trois disciplines olympiques. Elle abrite par ailleurs un centre documentaire riche d'ouvrages anciens et précieux sur le sujet. Détachée de sa vocation militaire, et sous la tutelle du ministère des Sports, l'École est devenue l'écrin majeur de l'art équestre en France et abrite 350 chevaux dans ses écuries, auxquels s'ajoutent les jeunes recrues qui sont encore au pré. Un long travail initiatique se déroule au sein du Cadre Noir, et le public, avisé ou profane, peut jouir du résultat lors d'une dizaine de présentations annuelles se déroulant dans le Grand Manège. La rigueur de la mise le dispute à l'élégance du geste, sous le regard implacable de l'écuyer en chef surnommé, faut-il se demander pourquoi, « le grand dieu ». Entre le cavalier et sa monture, une harmonie parfaite tissée de respect engage des mouvements fluides. Un accord magistral se révèle entre l'homme et l'animal dont la fougue a été maîtrisée. Les chevaux dansent et s'envolent, silhouettes magiques filles de Pégase, dans d'incroyables cabrioles, effectuant dans la croupade de Saumur une ruade en équilibre vers le ciel.

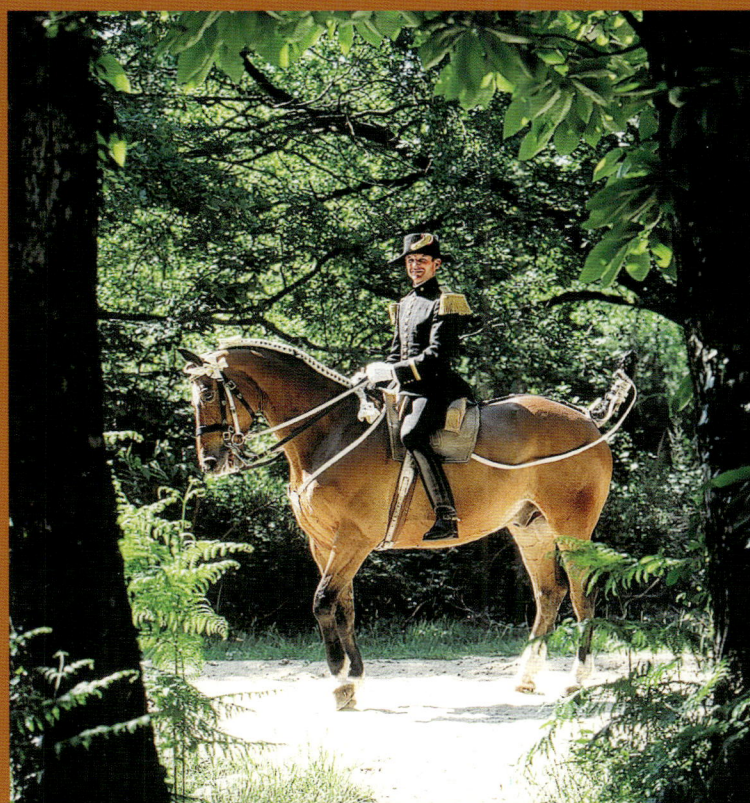

C'est en 1763 que fut créée à Saumur l'école de cavalerie sur le Chardonnet.
En 1828, durant le premier carrousel, furent présentées les reprises des sauteurs
et de leurs instructeurs, ces derniers étant coiffés de l'actuel « chapeau de manège ».
Depuis, le Cadre Noir a maintenu vivante la tradition de l'équitation académique.
Installée en 1972, sur les plateaux de Terrefort et de Verrie, l'École nationale
d'équitation, qui abrite le Cadre Noir, joue un rôle essentiel pour la préparation
des cavaliers du monde entier aux épreuves internationales.

Le feu de l'Anjou, ce sont aussi tous les sportifs qui portent haut les couleurs de l'Anjou dans les compétitions internationales. La natation synchronisée angevine est une pépinière de talents à l'image (à droite) de Cynthia Bouhier. Bien d'autres sports trouvent ici un formidable terrain d'élection, comme la montgolfière qui permet de découvrir d'en haut l'Anjou, un trésor de terre et d'eau.

Crédits photographiques

Louis-Marie Blanchard : 10 ; 11 ; 12 ; 13 ; 19 (tapisserie) ; 20 ; 24 (en haut à gauche) ; 27 ;
28 (en haut à gauche et à droite) ; 30 (en bas à droite) ; 31 (en bas à droite) ; 32 ; 33 ; 44 ; 48 ; 50-51 ; 52 ;
53 ; 54 ; 55 ; 56 (en bas, à droite et à gauche) ; 57 ; 58 ; 59 ; 60-61 ; 63 ; 64 (en haut à droite et en bas à gauche) ;
65 ; 70-71 ; 72 ; 73 ; 78 ; 80 ; 81 ; 83 ; 85 (à gauche, en haut et en bas; en haut à droite) ; 96 ; 98-99 ; 101 ;
102 (à gauche) ; 104 ; 106 ; 107 ; 121 ; 126 ; 128 ; 129 ; 130 (en haut) ; 132 ; 133 ; 134 ; 135

Y. Busson – DEF (© Comité départemental du tourisme de l'Anjou) : 90 (au milieu)

Hugues Chrétien (© Air Papillon) : 31 (en haut)

Eric Jabol : 21 ; 28 (en bas à gauche) ; 34-35 (3/6, 4/6) ; 88 (en bas à gauche) ; 137 (en bas à gauche)

Philippe Janina (© CAUE de Maine-et-Loire) : 94 (en haut à gauche)

Patrick Joly : 116-117

Cécile Langlois : couverture ; 29 ; 36 ; 37 ; 49 ; 66-67 ; 95 ; 100 ; 124 ; 125 (en haut, en bas à droite) ; 139

Alain Laurioux (© Ecole Nationale d'Équitation) : 68 ; 69 ; 136 ; 137

Philippe Nédélec : 19 (en haut à gauche) ; 23 ; 24 (en haut à droite) 25 ; 28 (en bas à droite) ;
30 (en haut à droite) ; 45 ; 46 ; 56 (en haut, à droite et à gauche) ; 84 ; 85 (à droite, en haut et en bas) ;
88 (en haut) ; 89 ; 94 (à droite, en haut et en bas) ; 103 (en bas à gauche) ; 115 ; 118 ; 119 ; 120 ; 122 ; 123 ; 127 ; 138

Christophe Petiteau : 18 ; 19 (en bas)

Michel Plassart : 62

Jean-François Rabillon : 6-7 ; 14-15 ; 16 ; 17 ; 24 (en bas à gauche et en bas à droite) ; 26 ;
30 (à gauche, en bas et en haut) ; 31 (en bas à gauche) ; 34-35 (1/6, 2/6, 5/6, 6/6) ; 38 ; 39 ; 40-41 ; 47 ;
64 (en haut à gauche et en bas à droite) ; 74-75 ; 88 (en bas à droite) ; 93 ; 108-109 ; 112 ; 113 ; 114

Marc Roger (ONPL) : 131

Bruno Rousseau (© Service départemental de l'inventaire de Maine-et-Loire) : 22 ; 79 ; 82 ; 86-87 ; 97 ;
102 (à droite) ; 103 (en haut, en bas à droite) ; 105

Jean-Loup de Sauverzac (© CAUE de Maine-et-Loire) : 92 ; 94 (en bas à gauche)

Tapisserie de l'Apocalypse (François Lasa et Patrice Giraud © 1982 Inventaire Général ADAGP) : 90 (à gauche, à droite) ; 91

Les gravures anciennes figurant dans cet ouvrage proviennent des collections
des Archives départementales de Maine-et-Loire.

Isabelle Kersimon tient à remercier
Noël Kersimon, son père, pour ses précieuses connaissances
et Danièle, sa mère, pour son aide documentaire,
ainsi que Reynald Dal Barco et Gwen Froger, journalistes,
pour leur relecture attentive.
Elle dédie ce travail à sa fille, Mélody.

Cécile Langlois remercie Alizé Groupe Aunis Communication

CONCEPTION GRAHIQUE : Véronique Zonca / CZ Créations

COORDINATION ÉDITORIALE : Sébastien Raimondi

Achevé d'imprimer en octobre 2003 sur les presses
de l'imprimerie Canale à Turin (Italie)
Photogravure : MCP à Saran
ISBN : 2-86665-366-1
Dépôt légal : novembre 2003
Imprimé en Italie